frank boger

2 – 4 – 6

diverse verse

alle rechte beim autor
1. auflage 1999
herstellung: libri books on demand

ISBN 3-89811-474-0

ja, was lehrt uns dies gedicht?
unterschätzt gedichte nicht!

robert gernhardt

2 *zeiler*

programm (I)

in zwei zeilen
läßt sich einiges mitteilen

fortsetzung folgt

bilateral

viele köche verderben den brei
meine oma auch

ja aber

wer anderen eine küche stiehlt
kocht deswegen noch lange nicht besser

kleine empfehlung des hauses

willst du nervenkitzel
vernasch ein hähnchenschnitzel

kanonade-ballade

ein voller töller böhnchen
bringt volle böller-tönchen

sylvester

essig
trinkst du

schöne grüße an alle

sauf nur ruhig fleißig
und du wirst nie dreißig

berufsehre der journalisten

keinen schimmer doch immer
auf dem saufenden bleiben

zunehmende wirrnis

ökonomie
begreif ich nie

die regel

von ausnahmen abgesehen
sind einnahmen angesehen

fiesta

wie man sich jettet
so fliegt man

aber genau

wenn einer eine reise tut
dann kann er einpacken

in meinem heim da bin ich häuptling

its a long way to togo
its a long way to go

der dichter und sein denker

gibt es ein leben nach dem tod
nur über deine leiche

u(h)rfaust

heinrich
wie spät ist es

wandel der zeit

knödel ißt der mensch
milchreis und brot

oh well

wer andern eine grube gräbt
plumps plumps plumps

leitspruch des kleingärtnervereins

wer den kohlrabi nicht ehrt
ist des kürbis nicht wert

da sprach der alte häuptling

wie ich dir so
du mir nicht sonst ich dir soooooo

der neue trend

verkoten
der baustelle verboten

gedicht über die wein-nacht
(first version)

oh krankenhaus oh krankenhaus
werf doch nicht all die schlanken raus

endlich schwanger

ich krieg ein fax
von max

fehlgeschlagene liebeserklärung

aster astrid
arschtritt

der abend kommt

juno bitte
you know

zapfenstreich

alle vögel sind schon da
jacobs kaffee wunderbar

politik der kleinen schritte

selbst zollstöcke haben
mit einem zentimeter angefangen

nachsicht mit den morgenmuffeln

rasselt der wecker morgens so schrill
steht bald einmal mein herzchen still

an die dusch-apostel

frisch gebadet
hat noch niemandem geschadet

my home is my castle

ich leb allein auf einer arche
weil ich so gerne schnarche

von mir aus

schreib nur schön gedichte
ich schreib an meine nichte

appendix[1]

werden die anlässe düller
schreib ich auch mal mit füller[1]

[1] *nicht der gallier*

4

zeiler

programm (II)

in zwei zeilen
läßt sich einiges mitteilen
in vier
noch mihr

fortsetzung folgt

kapitulation

als adam auf die palme ging
fiel die kokosnuß runter
und die ameisen streckten
die weiße fahne hoch

der dritte mann

der wellensittich in seinem bauer
fraß trill und war sehr sauer
so flog er denn aus seinem apparat
zu zwei sittichen hin und spielte skat

sitzung

der esel sagt iaa
die katze sagt miau
das kasperle ist wieder da
und auch das schweinchen schlau

visionen

schau ich aus dem fenster
plötzlich ist ein hengst da
da denke ich son dreck
da ist er wieder weg

der schulchor singt

alle meine enten
schwimmen auf dem see
als ob sie es nicht könnten
tätärätätä

immerhin

ein reiter
startete einen hindernislauf
und wurde dennoch nur zweiter
denn er saß auf dem ersten drauf

tja

du bist so alt
wurdst sehr verehrt
oh karthago
nun biste zerstört

ode to kiel

der platz der hat drei ecken
drei ecken hat der platz
und hätt er nicht drei ecken
hieß er nicht dreiecksplatz[1]

[1] *sondern vielleicht drecksplatz*

abendgedicht für vorurteilslose

wer seine füße wäscht
ist viel wert
wer seine füße nicht wäscht
machts auch nicht verkehrt

logisch oder sogisch?

die menschen in lingen
können singen
die menschen in solingen
können so singen[1]

[1] *nicht aber die in beispielsweise böb-, ess-,*
nörd-, reut-, wend-, tutt- oder überlingen

ein hugenott

hugo sprach ich hugo lachte
hugo sprach ich hugo machte
eine komische grimasse
hugo sprach ich die ist klasse

better than you better than me

ach der arme kurt
er hatte neulich eine schwierige geburt
ich wag es kaum zu sagen
er hatte ein sonderangebot im magen

lied eines tv-gastronoms

ich bin ein armer fernsehkoch
kochen tu ich noch und noch
meine hose hat ein loch
in den himmel komm ich doch

und die anderen?

in der mitte
vom rondell
steht die dritte
dose bonduelle

und die erste?

die zweite
dose bonduelle
stand an der seite
vom rondell[1]

[1] *wenn uns dieser zyklus etwas sagt*
 dann das was jeder beklagt
 der die oder das erste
 ist immer das schwerste

pretty things

back on stage
the rolling stones
new on page
my rolling poems

slight return

alle jahre wieder
platzt das enge mieder
wenn beim fetten weihnachtsschmauch
vollgefressen ist der bauch

regengedicht

um die deutsche gegenwartsliteratur
stehts wie bei einer naßrasur
jede menge schaum
stacheliges kaum

blähungen

es tut sich was in der politik
es tut sich was in der literatur
die mädchen werden plötzlich so dick
und der kanzler ist wieder mal zur kur

politik der großen schritte

progressiv sein heißt die neue masche
progressiv bis in die tasche
progressiv in jedem fall
progressiv – und der knall?

zartes bekenntnis

ich bin für polemik
polemik in jeder form
polemik macht nicht dick
polemik pusht enorm

der zeit hinterher

um was wolln wa wetten
wir feiern nicht in betten
wir feiern ganz normal
das ist ja kolossal

strukturwandel

ich hab eine landschaft gesehn
die hat noch nie eine straße gesehn
doch ehe sie sich versah
stand eine autobahn da

nachtschicht

unter viel zu starker gährung
leidet ach so manche währung
drum schuf man flugs das ews
ganz schön kess ganz schön kess

mein zimmer

mein zimmer ist geräumig
und ich freu mich
daß ich drin wohne
es wäre trostlos ohne

selbsterkenntnis

die welt ist rund
picasso bunt
und
ich schreib schund

lohn der angst

wenn man so wie ich
anständig und ordentlich
das leben meistert
wird man oft verkleistert

neujahrsgrüße

das was vorn zu lesen ist
wünsch ich dir ehrlich
denn daß du weiter glücklich bist
ist nun mal unentbehrlich

etwas trauriges

etwas merkwürdig faszinierendes kommt
dem trauen zu
man fragt sich prompt
ist dem zu trauen

fünfzig

hurra hurra
es ist geschafft
fünfzig sind da
doch nun bin ich erschlafft

6 zeiler

programm (III)

in zwei zeilen
läßt sich einiges mitteilen
in vier
noch mihr
und in sechs
ebbes rechts

schwanengesang

der schneider schnürt
der physiker führt
der sportler spürt
der berater berührt
und das alles weil der
lyriker wieder einmal lyrt

die mücke

ich kenn ne perücke
die hat so manche tücke
sie hat nämlich ne lücke
da kam einmal ne mücke
nun ist die perücke
wieder ohne lücke

krieg

meine maus frißt gerne speck
doch die ratte klaut ihn weg
da denkt sich die maus
jetzt wisch ich ihr eins aus
sie nimmt sich ne zwille
schießt auf die ratte und ruft kille kille

täuschung

auf den cannstatter wasen in dunkler nacht
schlichen einst drei hasen
nein es waren acht
die hasen waren hasen nicht es waren ratten
die bei meinem angesicht
sofort die flucht ergriffen hatten

binsenweisheit

könnte man heimat
aromatisch abgepackt
im laden kaufen
könnte kein wanderer
systematisch abgehackt
durch die heimat laufen

ich sollt es eigentlich nicht erwähnen

tannen und fichten
stehen am waldesrand
und dichten
so wie ich
doch sind sie unbekannt
das tröstet mich

der lauf der welt

gehen mandeln
auf dachrinnen
schlafwandeln
gehen mandelinnen[1)]
mit finnen
anbandeln

[1)] *widerspricht der erfahrung, mußte aber*
   mit rücksicht auf die erfordernisse des
   klassischen aufbaus mit eingebaut werden

der butterberg

in der kürze
liegt die würze
sagte schon meine mutter
darum kaufte sie stets
nur ein halbes
päckchen butter

dialog im park

auf einer bank im park
liegt ein päckchen quark
das ist keine bank
ist nur ne scheese
ist ja auch kein quark
ist nur n käse

ein arier

allen gerüchten trotzte
die amerikanische weltraumbehörde
als sie gestern
in houston texas bekanntgab
der mann im mond
ist doch blond

little red rooster

die mothers
of invention
sind unter others
eine erfindung
der subvention
von mao tse tung

da staunt der uhlenköper

unter anderem packte mich
das kalte grausen
als ich die tabakdose
öffnete und mir
das mainzelmännchen
guten abend wünschte

auf das fahrzeug kommt es an

es geht eine träne auf reisen
denn sie fährt so gern eisen
bahn so manch eine träne
bekam schon migräne
weil zig eisen
bahnen entgleisen

a real nowhere man

sein oder nichtsein
das ist hier die frage
zweifelsohne wage
ich mich weder für das eine
noch das andere zu entscheiden
und lasse alles beim alten bleiben

ein paar zeilen an aristoteles

weil sowieso alles relativ ist
ist jede bewegung sport
wenn alle bewegung sport
sein soll ist sport relativ
daraus folgt daß alles relativ ist
auch die logik

gedicht über die wein-nacht
(second version)

oh du fröhliche anbauküche
beladen zur weihnachtszeit
die ente wurd gestorben
der kuchen ist geworden
wehre dich wehre dich
noch bist du gescheit

gedicht über die wein-nacht
(third version)

oh du mehlige
apfeltorte
verdirbst mir das schöne fest
mir fehlen ganz einfach die worte
das hat man nun davon
wenn man sich auf andere verläßt

jedem das seine

wat
arafat
nit hat
dat
hat
sadat

schöne bescherung

es hängt ein foto in meinem spind
zeigt ein nackedei in wind
und kälte schnee
es ist das christuskind
ohjeohje
ohjeohje

bis morgen

nenn mich ruhig egon
doch sprich nicht mit hohn
von mir
nenn mich ruhig egon
und träum von mir
ich danke dir

macht

durch die stille nacht
fliegen küsse ganz sacht
zu einem mädchen das nicht erwacht
weit in der ferne liegt jemand und lacht
weil diese schier unheimliche macht
unheimliches vollbracht

ein kleines kompliment

die haut
deiner lippen
ist so zart
wie die haut
eines spiegeleis
apart apart

platonische liebe

der wolkenkratzer auf dem hinterhof
hat sich mit der mülltonne verlobt
da sie ihre natürlichkeit
aufgrund nichtbenutzung
kosmetischer artikel
bewahrt hat

gedanken keines spielverderbers

höre daß ich dir etwas schenken will
das weißt du
ich tät gern wissen ob du dill
noch gern magst und ob du stur
deinem grundsatz treu bleibst
gut geschenkt ist halb verspeist

natürlich

natürlich könnten
die bäume
wachsen höher noch
doch würden
verschwinden sie dann
im ozonloch

die spur

greifbar nah erscheint
die wahrheit im traum
doch kaum faßbar
wenn man erwacht
am tag verwischt
sich die spur

dann

wenn in den straßen
die lichter ausgehen
ist es nur noch ein kleiner schritt
zur völligen dunkelheit
der schein des lichts
muß ewig bleiben

licht

druck auf der brust
verloren im nebel
der erinnerung
im schlaf
tritt die wahrheit
ans licht

frust

unbestimmt
unbeschwingt
schleicht sich
der tag
und nichts
ist passiert

ein engel singt

verdammt viele großmütter beherrschen heute
das stadtbild und tun immer wieder assugrin
in den tee – die großväter sitzen auf
parkbänken und angeln ihre verlorenen
schlüssel aus dem papierkorb – der ehrliche
finder hat sich noch immer nicht gemeldet

100

Inhalt

2 *zeiler*

4 *zeiler*

6 *zeiler*